RACCONTI D'AUTORE

Jerome K. Jerome

STORIE DI FANTASMI PER IL DOPOCENA

a cura di
Anna Pellizzi

La Spiga
EDIZIONI

Jerome K. Jerome
Storie di fantasmi per il dopocena
A cura di Anna Pellizzi

Responsabile editoriale: Beatrice Loreti
Art director: Marco Mercatali
Responsabile di produzione: Francesco Capitano
Redazione: Carla Quattrini

Progetto grafico: Sergio Elisei
Impaginazione: CentroImmagine
Illustrazioni: Laura Re
Colorazione: Annalisa Leoni

Copertina: Adami Design
Illustrazione: Laura Re, Annalisa Leoni

Consulenza alla progettazione: Fabio Cioffi

© 2012 ELI – La Spiga
Via Soperga, 2 – Milano
tel. 02 21 57 240
info@laspigaedizioni.it
www.laspigaedizioni.it
ELI
Via Brecce – Loreto
tel. 071 750 701
info@elionline.com
www.elionline.com
Stampato in Italia presso
Tecnostampa - Recanati
12.83.095.0
ISBN 978-88-468-3067-8
Le fotocopie non autorizzate sono illegali. Tutti i diritti riservati. È vietata la riproduzione totale o parziale così come la sua trasmissione sotto qualsiasi forma o con qualunque mezzo senza previa autorizzazione scritta da parte dell'editore.

Nota introduttiva

Un gruppo di amici si incontra la Vigilia di Natale e si ritrova a parlare di fantasmi, perché, si sa, la Vigilia di Natale è la notte dei fantasmi. Intorno al caminetto, con un bicchiere di punch, le storie prendono vita, ma gli spettri che incontrerai in queste pagine sono un po' particolari, e ti faranno sorridere: fantasmi innamorati, fantasmi dispettosi, fantasmi sbruffoni...

Storie di fantasmi per il dopocena è un piccolo capolavoro dell'umorismo inglese di fine ottocento (1891). Stupisce immediatamente per la tecnica narrativa: è lo "stile della digressione", tipico di Jerome. Lo scrittore comincia a raccontare una storia e si interrompe subito, poi riprende il filo del discorso, ma si può star certi che non continuerà per molto. Lì per lì, intenti a seguire la trama principale, si è infastiditi da tante interruzioni, ma presto ci si rende conto che proprio le divagazioni rendono la storia gustosa e divertente.

Nonostante il titolo, quest'opera si inserisce più nel filone umoristico che in quello horror. Compaiono, è vero, tutti gli elementi tipici della letteratura del brivido: spettri di sanguinari assassini, case infestate, fantasmi che cercano la tomba dell'amata o che vegliano sul tesoro nascosto, ma le storie vengono spogliate della suspense e arricchite da considerazioni su particolari marginali e divertenti, che spostano l'attenzione dalla trama vera e propria rendendo la lettura piacevole e leggera.

Indice

Nota introduttiva 3

Preliminari 6

Come ci ritrovammo a raccontare storie di fantasmi 14

Johnson ed Emily – Storia di Teddy Biffles 19

Intermezzo – Storia del Dottore 24

Il Mulino infestato – Storia di Mister Coombes 25

Intermezzo – Storia del Curato 30

Il Fantasma della camera azzurra – Storia di mio zio 32

Una spiegazione personale 36

La mia storia 38

Dossier

Incontro (immaginario) con l'autore 48

Intervista alle illustratrici 50

Percorsi di lettura 51

Preliminari

Era la Vigilia di Natale.
Inizio così perché questo è il modo più appropriato, ortodosso[1] e rispettabile per iniziare, e io sono stato allevato nel modo più appropriato, ortodosso e rispettabile possibile: mi hanno insegnato a fare sempre la cosa più appropriata, ortodossa e rispettabile. E rimango fedele all'abitudine.

Sebbene sia superfluo menzionarlo, in una storia di fantasmi è sempre la Vigilia di Natale.
La Vigilia di Natale è la serata del Gran Galà dei fantasmi.
La notte della Vigilia, nel Paese dei fantasmi, chiunque sia qualcuno (o meglio, visto che si parla di spiriti, immagino si debba dire: chiunque sia davvero nessuno) esce per mostrarsi in pubblico, per vedere ed essere visto, per passeggiare facendo sfoggio del suo lenzuolo e degli abiti della sepoltura, per criticare lo stile o sparlare della brutta cera altrui.

La parata della Vigilia di Natale è una celebrazione preparata con estrema cura e attesa in tutto il Paese dei fantasmi, soprattutto dai più snob, fra i quali si annoverano[2] baroni assassinati, contesse macchiatesi di orribili crimini, e conti che, giunti in Inghilterra al seguito di Guglielmo il Conquistatore[3], uccisero i loro parenti e morirono in preda alla follia.

Angosciosi lamenti e smorfie malevole sono di ordinaria amministrazione. Settimane prima del Gran Galà vengono provate anche le urla più agghiaccianti e tutte le apparizioni da svenimen-

---

[1] ortodosso: osservante delle regole, degli insegnamenti ufficiali.
[2] si annoverano: si contano.
[3] Guglielmo il Conquistatore: il duca di Normandia che, nel 1066, morto il re inglese Edoardo III il Confessore senza lasciare eredi diretti, invase l'Inghilterra e si impadronì del trono. In seguito operò grandi riforme, riorganizzando il paese e concentrando il potere dei numerosi feudatari nelle sue mani.

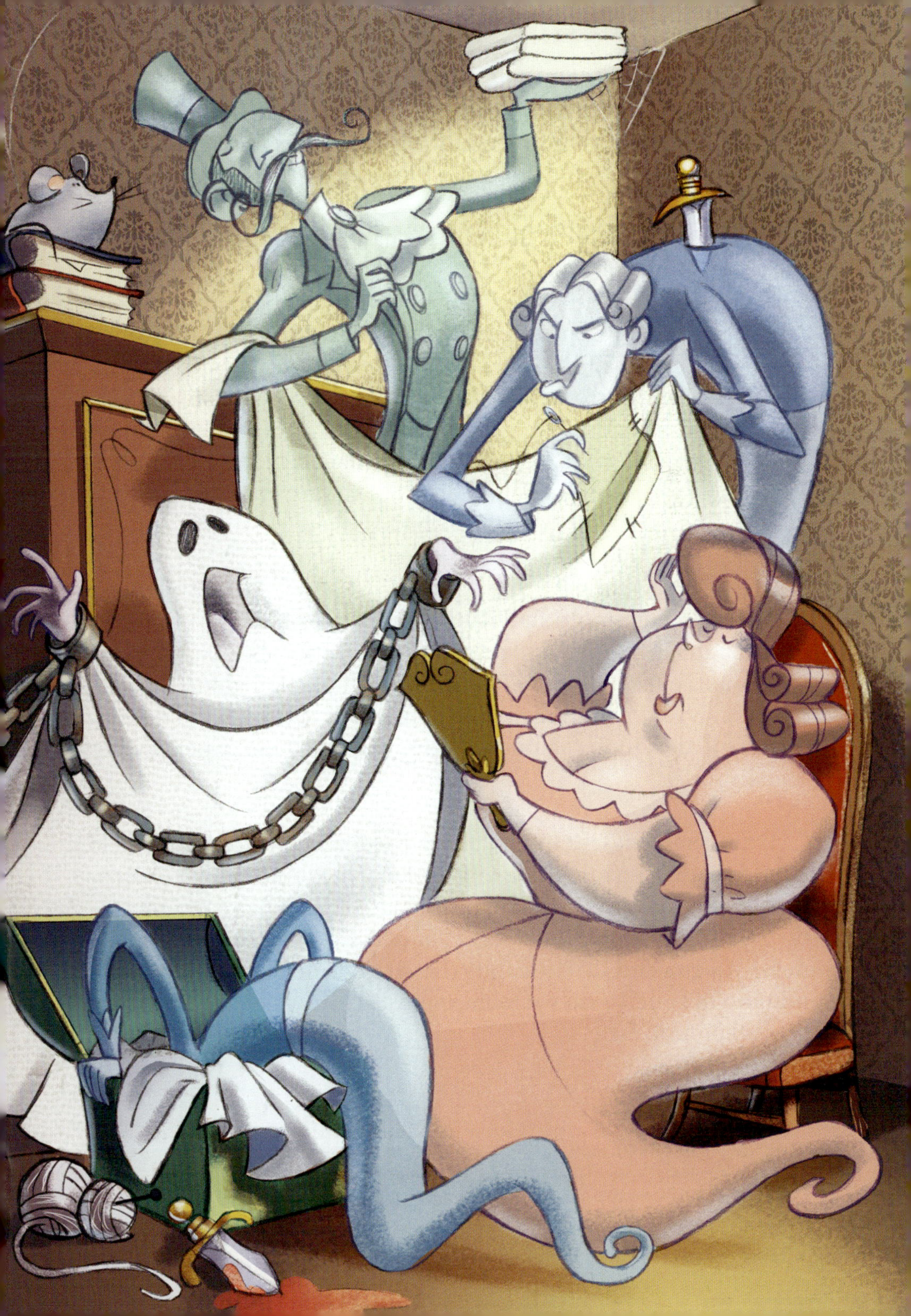

to. Si restaurano catene arrugginite e stiletti[4] insanguinati; si ripescano, si sbattono, si rammendano i lenzuoli e i sudari[5] riposti con cura dopo lo spettacolo dell'anno precedente e si fa loro prendere aria.

Eh sì, la notte del 24 dicembre è davvero molto eccitante nel Paese dei fantasmi!

Avrete forse notato che gli spiriti non appaiono mai la notte di Natale. È probabile che per loro la Vigilia di Natale sia fin troppo faticosa: i poveri spiriti non sono avvezzi alle emozioni! I signori fantasmi trascorrono la settimana che segue la Vigilia, questo è certo, tormentati da un gran mal di testa, e vagano animati di buoni propositi, ripromettendosi di rimanere a casa l'anno seguente. Le loro signore sono volubili e di pessimo umore, facili alle lacrime e a fuggire dalla stanza nel bel mezzo di una conversazione, senza una ragione plausibile.

Naturalmente molti fantasmi comuni si esibiscono in piccole apparizioni anche nel corso di notti meno affollate: alla Vigilia di Ognissanti o nella notte di Ferragosto; alcuni compaiono in occasione di avvenimenti locali, per esempio la celebrazione dell'anniversario dell'impiccagione del nonno di qualcuno, o per predire una disgrazia.

Il fantasma inglese medio adora predire disgrazie. Mandatelo a predire guai a qualcuno e lo farete felice. Permettetegli d'introdursi in una casa tranquilla e di seminare il panico preannunciando un funerale o una bancarotta[6], alludendo a una sciagura imminente o a qualche altro terribile disastro che nessuno dotato di un minimo di buon senso vorrebbe conoscere in anticipo ed egli sarà fiero di poterlo fare.

---

[4] stiletti: pugnali molto affilati.
[5] sudari: presso gli antichi, panno con cui si copriva il viso dei morti.
[6] bancarotta: fallimento.

Ci sono poi i fantasmi molto giovani o molto coscienziosi, con un testamento perduto o un cruccio[7] ignoto che li affligge costantemente e che, quindi, si fanno scrupolo di apparire tutto l'anno.

Non dimentichiamo il fantasma pignolo, che è indignato per essere stato sepolto nella discarica o nello stagno del villaggio, e che non darà una notte di tregua alla parrocchia finché qualcuno non gli pagherà un funerale di prima classe.

Ma questi sono casi eccezionali. Come ho già detto, il fantasma medio fa il suo giro annuale la Vigilia di Natale, e ne è soddisfatto.

Perché proprio la Vigilia di Natale, con tutte le notti che ci sono in un anno, non sono mai riuscito a capirlo. Ci deve essere qualcosa di "spettrale"! È indubbiamente una delle notti più lugubri per uscire: fredda, umida e livida. Inoltre, ne sono certo, a Natale la gente è troppo provata da tutti i parenti vivi che affollano la casa perché possa apprezzare anche l'apparizione di qualche parente morto e sepolto. Molto meglio comparire la Vigilia!

E non solo gli spiriti fanno sempre la loro comparsa la Vigilia di Natale, ma in quella stessa notte la gente ama riunirsi e parlare di loro. Ogniqualvolta alla Vigilia di Natale cinque o sei inglesi si raccolgono attorno al camino a discorrere, finiscono col raccontarsi storie di fantasmi. Nulla ci procura maggiore soddisfazione che ascoltare aneddoti che parlano di spettri. È una ricorrenza piacevole, festosa, e noi adoriamo fare elucubrazioni[8] su tombe, cadaveri e sanguinosi omicidi.

Ci sono alcuni aneddoti ricorrenti nei nostri racconti sugli spettri, naturalmente non è colpa nostra ma degli stessi fantasmi, che non sperimentano mai nuovi modi di rivelarsi e continuano a ispirarsi ai soliti ritriti sistemi tradizionali. Di conseguenza, una volta che siete stati a una festa per la Vigilia di Natale e avete ascol-

---

[7] cruccio: dispiacere, tormento.
[8] elucubrazioni: lunghe meditazioni.

tato sei persone riferire le loro avventure con gli spiriti, ne avete abbastanza: la ripetitività potrebbe divenire insopportabile!

C'è sempre la storia del giovanotto che decide di trascorrere il Natale in campagna e, la notte della Vigilia, va a dormire nell'ala occidentale della casa. E nel bel mezzo della notte la porta della stanza si apre senza fare alcun rumore e una figura (generalmente una donna in camicia da notte) entra lentamente, si avvicina e si mette a sedere sul letto. Il giovanotto, sebbene non ricordi di averla mai vista prima, pensa si tratti di una invitata o di qualche parente della famiglia ospitante che, soffrendo d'insonnia e di solitudine, sia venuta nella sua camera per fare quattro chiacchiere. Non immagina che sia un fantasma: anzi, ne è del tutto ignaro. Ma lei non parla e, a un secondo sguardo, si è già dileguata!

Il mattino seguente, a colazione, il giovanotto riferisce l'accaduto e domanda a ognuna delle signore presenti se sia stata lei a fargli visita. Ma quelle gli assicurano di no e il padrone di casa, divenuto mortalmente pallido, lo prega di non aggiungere altro sull'episodio, richiesta che al nostro amico pare decisamente curiosa.

Terminata la colazione, il padrone di casa conduce il giovane in un luogo appartato e gli spiega che quello che ha visto è lo spirito di una donna che fu assassinata in quello stesso letto, o che in quel letto uccise qualcun altro.

Già, perché non fa molta differenza: si può diventare fantasma uccidendo qualcuno o essendo assassinato. Lo spettro assassinato è forse quello più popolare e, d'altro canto, è più facile spaventare la gente in questo ruolo, scoprendosi le ferite e lamentandosi.

C'è poi la storia dell'ospite scettico[9] (a proposito, è sempre "l'ospite" il più esposto a questo genere di sorprese). Uno spettro non fa molto caso alla "propria" famiglia: è "l'ospite" che gli piace tormentare, quello che, la Vigilia di Natale, dopo avere ascoltato la storia di fantasmi del padrone di casa, ne ride e sostiene di non

---

[9] scettico: dubbioso, che non crede.

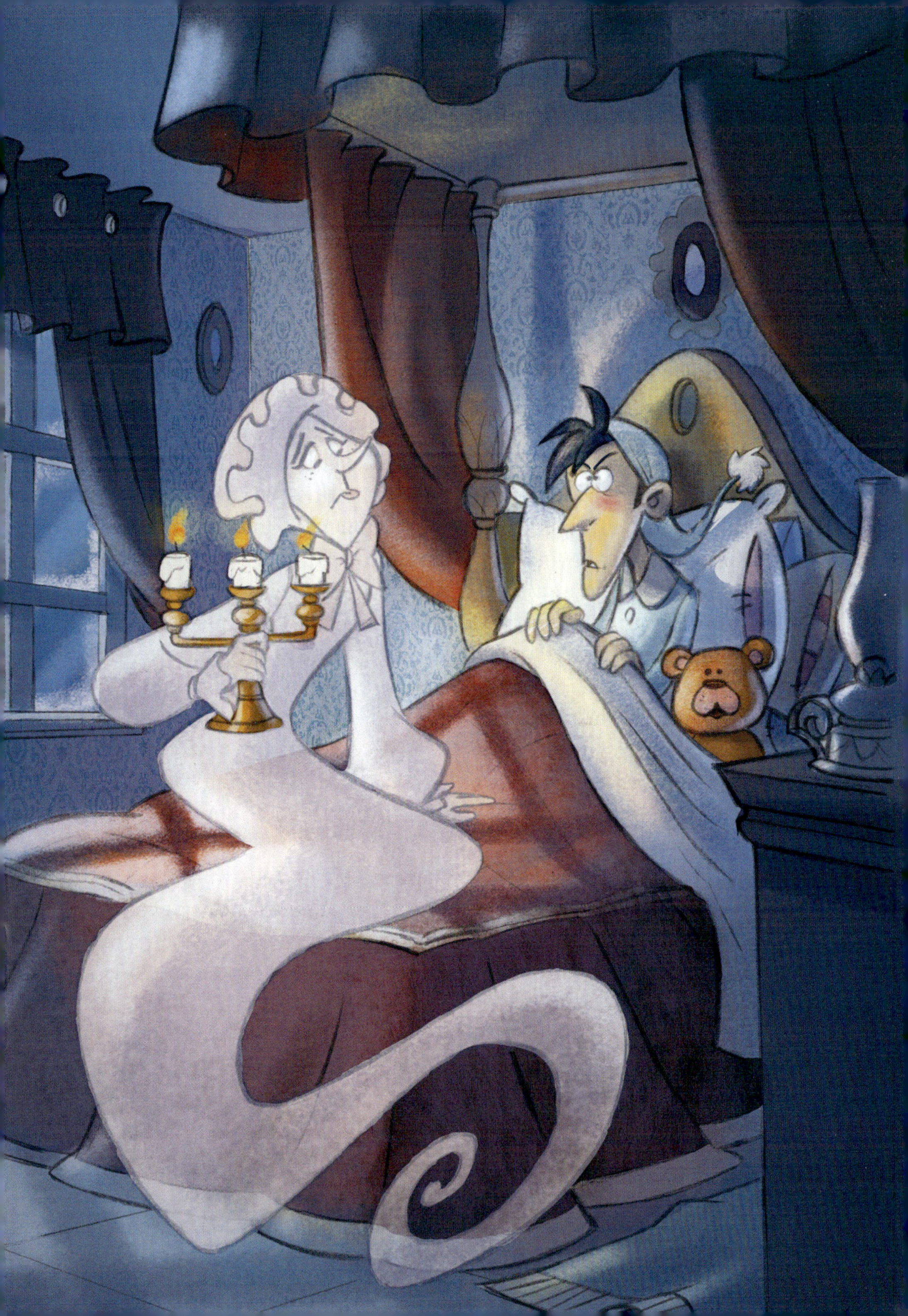

credere a quel genere di cose o all'esistenza degli spiriti. È lui che la notte stessa si offre di andare a dormire nella camera infestata dai fantasmi.

Tutti lo scongiurano di non essere imprudente, ma egli persiste nella sua spavalderia, sale a cuor leggero in camera con una candela, augura a tutti la buonanotte e chiude la porta. La mattina seguente ha tutti i capelli bianchi.

Ma il nostro ospite non racconta a nessuno quello che ha visto: è troppo raccapricciante!

Poi c'è anche l'ospite coraggioso, che vede un fantasma, sa che si tratta di un fantasma e lo sta a guardare, da quando entra nella stanza, fino a quando sparisce attraversando una parete; dopodiché, se lo spettro non accenna a ricomparire e quindi non vale la pena di rimanere sveglio, si addormenta.

Non racconta a nessuno di avere visto il fantasma, perché teme di spaventare gli altri (certe persone sono molto sensibili ai fantasmi), ma decide di aspettare la notte seguente e vedere se lo spettro si ripresenta.

E lo spettro infatti ritorna. Questa volta, il coraggioso si alza dal letto, si veste, si pettina e lo segue: così scopre un passaggio segreto che conduce dalla camera da letto alla cantina (passaggio che, senza alcun dubbio, fu utilizzato piuttosto frequentemente in tormentate epoche passate).

C'è anche il caso del giovane che si sveglia nel cuore della notte con una strana sensazione e si ritrova accanto il vecchio zio ricco e scapolo. Lo zio ricco sorride con uno strano sorriso e si dilegua. Il giovanotto si alza e guarda l'orologio: fermo sulle quattro e mezzo. Il giorno seguente compie alcune indagini e, cosa abbastanza curiosa, scopre che lo zio ricco, del quale egli è il solo nipote, aveva sposato una vedova con undici figli solo due giorni prima di morire, alle dodici meno un quarto in punto.

Non dimentichiamo il caso del gentiluomo che, mentre torna a casa a tarda notte da una cena con i suoi compari, nota una luce che esce da una abbazia in rovina; si avvicina furtivamente e guarda dal buco della serratura. Vede il fantasma di una suora baciare quello di un monaco e rimane così sconvolto e spaventato che sviene sul colpo. Lo ritrovano la mattina seguente, accasciato contro la porta, incapace di parlare e con la chiave di casa stretta in pugno.

Tutti questi fatti accadono la Vigilia di Natale e vengono in genere raccontati la Vigilia successiva.

E così, nell'introdurre le tristi e autentiche storie che seguono, ritengo sia superfluo informare il lettore che il giorno in cui queste furono narrate o si verificarono gli eventi era... la Vigilia di Natale. Ciononostante e mio malgrado, lo faccio.

Come ci ritrovammo a raccontare storie di fantasmi

Era la Vigilia di Natale (ci sono troppe "vigilie di Natale" in questo libro, me ne rendo conto: sta cominciando a diventare monotono anche per me, ma non vedo proprio come riuscire a evitarlo) e mi trovavo a casa di mio zio John, al 47 di Laburnham Grove.

Una Vigilia di Natale trascorsa nella penombra del salotto con i bagliori del fuoco che proiettavano strane ombre sulle pareti, mentre fuori la tempesta infuriava senza tregua e il vento, gemendo come un'anima in pena, soffiava nella piazza e spazzava la bottega del lattaio levando un urlo infelice. Avevamo cenato e sedevamo in circolo a fumare e discorrere.

La cena era stata ottima, davvero eccellente. Eppure, le conseguenze che ne derivarono furono decisamente spiacevoli. Sono state messe in giro delle voci, in famiglia, riguardo a tutto l'accaduto, ma più in particolare riguardo alla parte che io avrei avuto e sono stati fatti commenti che non mi hanno molto sorpreso, conoscendo la mia famiglia, ma che mi hanno ferito profondamente. Come da parte di mia zia Mary, che non so se vorrò mai rivedere. Pensavo che zia Mary mi conoscesse meglio.

Benché abbia subìto una grave ingiustizia, come avrò modo di spiegare, ciò non mi dissuaderà dal trattare gli altri giustamente, anche coloro che hanno fatto pesanti insinuazioni.

Dopo cena, lo zio preparò del punch[1] al whisky, a cui feci onore. Zio John era felice che mi piacesse! La zia andò a letto, lasciando me, il curato, il vecchio dottor Scrubbles, il signor Coombes (il

---

[1] punch: bevanda alcolica servita molto calda.

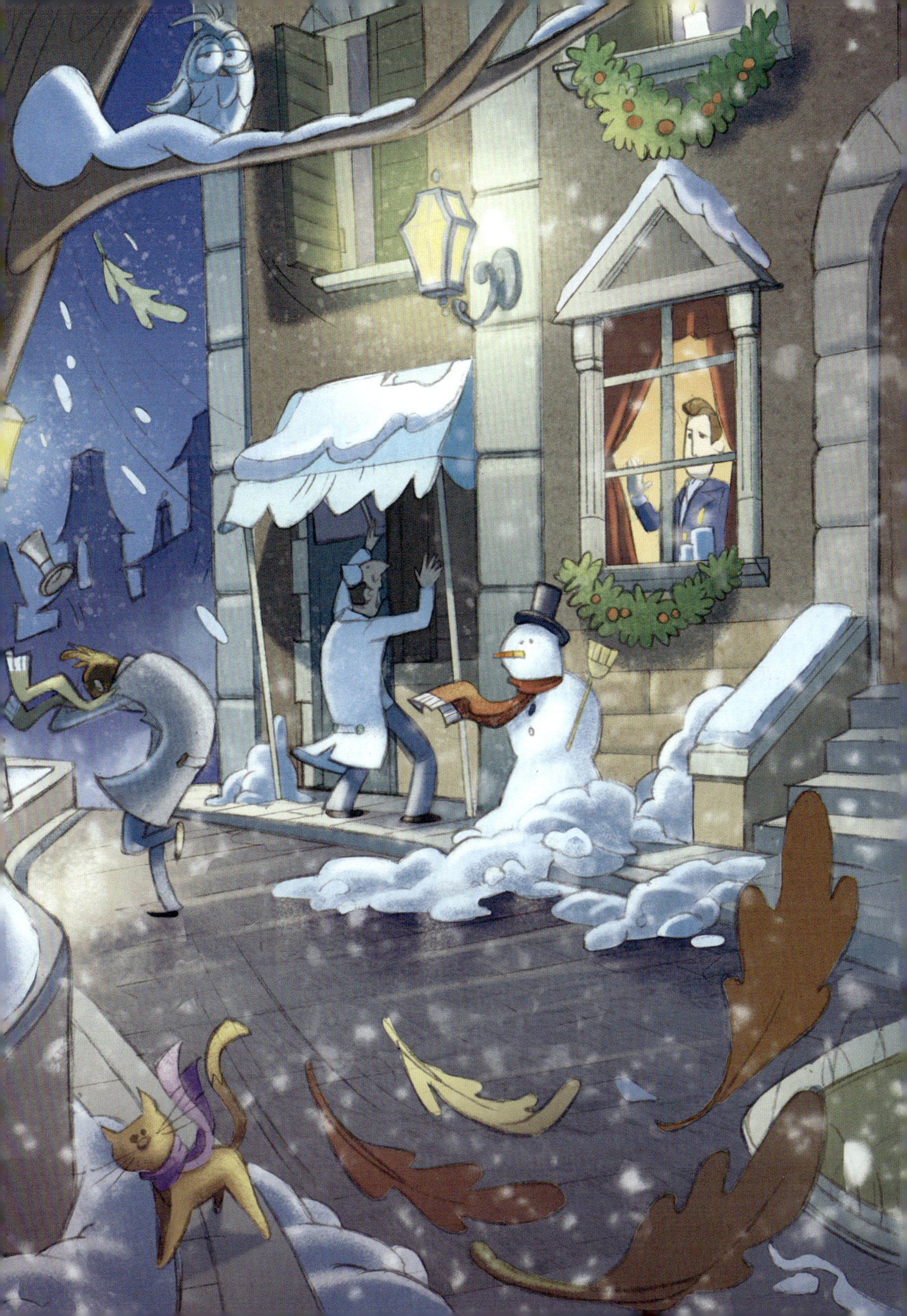

nostro membro del consiglio di contea[2]) e Teddy Biffles a tenere compagnia allo zio. Convenimmo tutti che era ancora troppo presto per andare a dormire, così lo zio preparò un'altra caraffa di punch; noi tutti apprezzammo... io, di sicuro.

Rimanemmo alzati a lungo, e il dottore più tardi preparò dell'altro punch, ma questa volta al gin, tanto per cambiare. Debbo dire che a quel punto non notai una grande differenza: era comunque buono, e la serata procedeva nel migliore dei modi.

Tutti parevano proprio simpatici.

Durante la serata, zio John ci narrò una storia molto buffa, proprio spassosa. Ora non ricordo di cosa parlasse, ma so che al momento mi divertii moltissimo, credo di non avere mai riso tanto in vita mia. È curioso che non riesca a richiamare alla mente il racconto, dato che lo ripeté quattro volte. E per un pelo non lo raccontò una quinta volta. Poi toccò al dottore, che cantò una canzone molto intelligente che parlava degli animali di una certa fattoria. Per la verità il dottore fece un po' di confusione. Il gallo si ritrovò a ragliare e il maiale emise un sonoro chicchirichì, ma tutti capirono ugualmente.

Io iniziai raccontando una storia decisamente interessante ma, mentre procedevo, notai che stranamente nessuno mi prestava la minima attenzione. Dapprima ritenni che fosse molto scortese da parte loro, poi mi resi conto che non avevo fatto altro che borbottare fra me e me, invece di parlare a voce alta. Così, ovviamente, nessuno aveva capito che stavo raccontando una storia, e probabilmente nessuno riusciva a spiegarsi la mia espressione concitata[3] e i miei gesti eloquenti[4].

---

[2] contea: divisione amministrativa del Regno Unito, corrispondente a una nostra regione.
[3] concitata: molto eccitata, emozionata.
[4] gesti eloquenti: gesti espressivi.

Più tardi, il curato ci mostrò alcuni trucchi con le carte. Ci domandò se avevamo mai visto un gioco chiamato "gioco delle tre carte".

Ci spiegò che si trattava di un espediente con il quale uomini privi di scrupoli, assidui scommettitori all'ippodromo e altri imbroglioni del genere, truffano poveri sciocchi inesperti. Affermò che si trattava di un trucco molto semplice: dipendeva tutto dalla rapidità delle mani, la cui velocità ingannava l'occhio.

Decise di mostrarci l'imbroglio perché ne fossimo messi al corrente e in futuro non ci cascassimo; andò a prendere il mazzo di carte dello zio dal barattolo del tè e, scelte tre carte, due numeri e una Regina, sedette sul tappeto davanti al camino e ci spiegò cosa stava per fare.

Cominciò: «Ora prenderò queste tre carte in mano, così, e ve le farò vedere. Poi, con calma, le poserò sul tappetino capovolte e vi chiederò di indicarmi la carta con la Regina. E voi crederete di sapere qual è».

Il vecchio signor Coombes, che è anche uno dei rettori della chiesa, disse che era la carta di mezzo.

«Lei crede di sapere dov'è la Regina», rispose il nostro curato con un sorriso.

«Io non credo un bel niente – replicò il signor Coombes. – Le dico che è la carta in mezzo. Ci scommetto mezza sterlina».

«Ecco! Proprio quello che intendevo dimostrarvi – esclamò il curato rivolgendosi a noi. – Questo è il modo in cui la gente viene raggirata e perde i suoi soldi. Non arriva a comprendere che la rapidità della mano ha ingannato l'occhio».

Raccontò di avere conosciuto giovanotti partiti con diverse sterline in tasca per recarsi a una regata di canottaggio o a una partita di cricket, tornare a casa nel primo pomeriggio senza un soldo, per aver perso tutto il loro denaro in questo gioco.

Il curato decise comunque di accettare la scommessa del signor Coombes, in quanto intendeva dare a noi tutti una lezione molto istruttiva, che ci sarebbe servita a risparmiare soldi e guai

> Dedicata alla memoria di Emily
> Le sue ultime parole furono:
> "Dite a Johnson che l'amo"

«Questa dovrebbe convincerlo – borbottò mio padre dando un'occhiata soddisfatta al lavoro. – Spero proprio che funzioni».

E funzionò!

Quella stessa notte lo attirammo là e io assistetti a una delle scene più commoventi della mia vita: lo slancio con cui Johnson si gettò sulla pietra tombale e pianse tutte le sue lacrime fu straziante. Quando lo videro, papà e il vecchio Squibbins, il giardiniere, piansero anche loro come bambini.

Da allora Johnson non ci ha più dato fastidio. Ora trascorre ogni notte a singhiozzare sulla tomba fasulla, e sembra decisamente felice.

«Ancora adesso?».

Oh, certo. Vi porterò a vederlo la prossima volta che verrete a casa nostra: solitamente dalle 10 di sera alle 4 di mattina, ma il sabato dalle 10 alle 2.

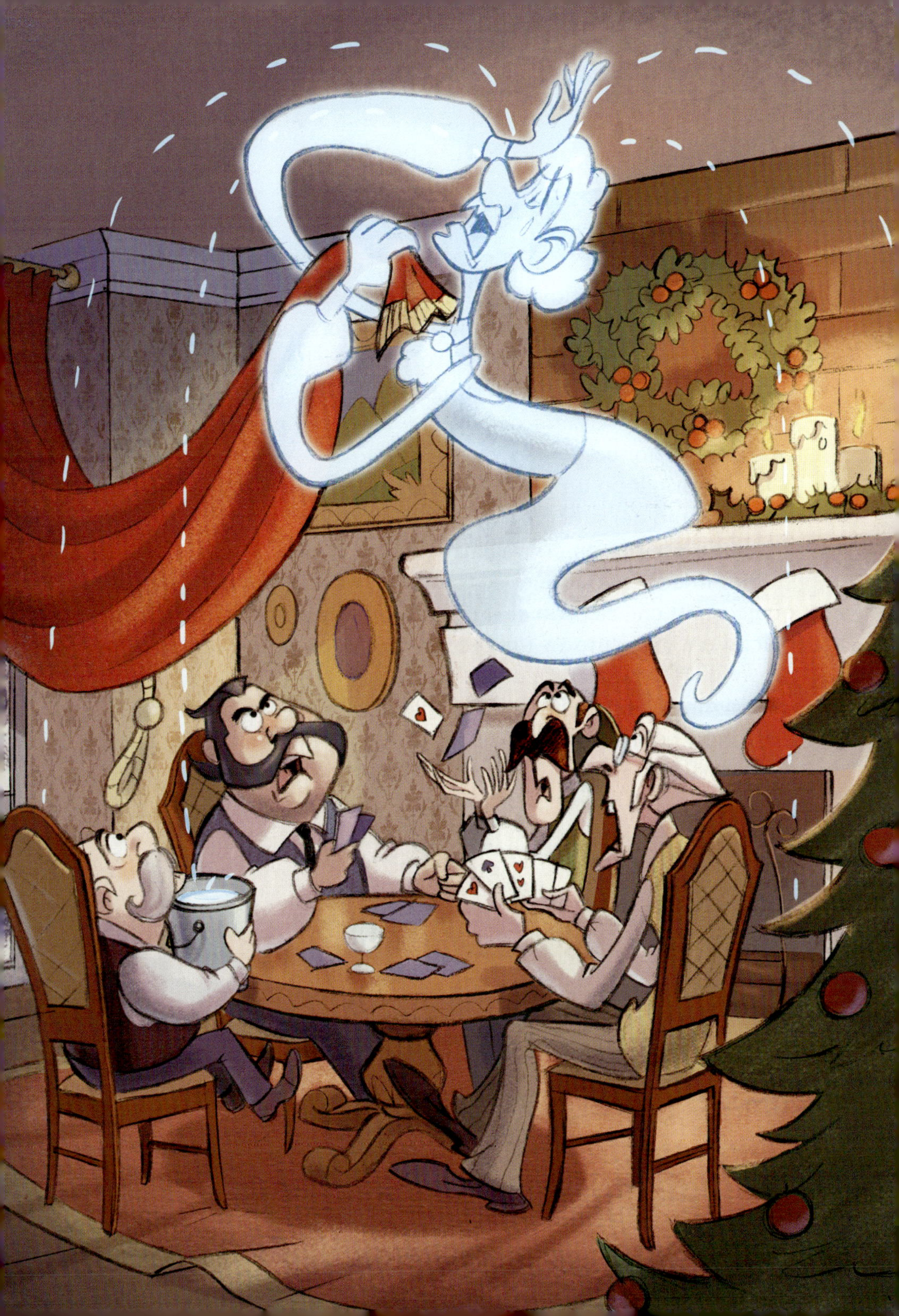

Intermezzo

■ Storia del Dottore

La storia che il giovane Biffles ci aveva raccontato con tanta partecipazione mi fece parecchio piangere. Non appena terminò, rimanemmo tutti un po' pensierosi: notai che persino il vecchio dottore si asciugava una lacrima di nascosto. Tuttavia, zio John preparò un'altra caraffa di punch e a poco a poco riuscimmo a tirarci su il morale.

Il dottore dopo un po' divenne quasi allegro e ci parlò del fantasma di uno dei suoi pazienti.

Ho un ricordo un po' vago di quella storia.

Rammento solo che si concludeva con qualcuno che trovava qualcosa. Il che ricordò al signor Coombes un fatto assai bizzarro che era accaduto in un vecchio mulino, che un tempo aveva preso in affitto suo cognato.

Il signor Coombes disse che voleva raccontarci la sua storia e, prima che qualcuno riuscisse a fermarlo, aveva già cominciato.

Il Mulino infestato
ovvero
La Casa in rovina

Storia di Mister Coombes

Bene, conoscete tutti mio cognato, il signor Parkins –, esordì Coombes togliendosi di bocca la lunga pipa d'argilla e mettendosela dietro l'orecchio. Noi non conoscevamo suo cognato, ma affermammo il contrario, in modo da guadagnare tempo. – Quindi certo saprete che una volta prese in affitto un vecchio mulino nel Surrey[1] e vi andò ad abitare. Ora dovete sapere che, anni fa, proprio quel mulino era stato occupato da un vecchio e perfido avaro che vi era poi morto, lasciando, correva voce, tutto il suo denaro nascosto da qualche parte. Com'è ovvio, da allora tutti quelli che vissero nel mulino tentarono di scovare il tesoro. Ma nessuno ci riuscì, e i saccentoni della zona affermavano che nessuno ce l'avrebbe mai fatta, a meno che lo spettro di quel tirchio mugnaio, un giorno, avesse svelato il nascondiglio segreto. Mio cognato non diede molto peso alla storia, ritenendola una fandonia e, a differenza dei suoi predecessori, non fece alcun tentativo per scoprire l'oro nascosto.

«A meno che allora gli affari andassero molto diversamente da adesso – sentenziò mio cognato, – non vedo come un mugnaio potesse avere messo da parte qualcosa, per quanto taccagno fosse: certamente non sarà stato nulla per cui valesse la pena di scomodarsi».

Eppure, non riusciva a togliersi del tutto dalla mente il pensiero del tesoro.

---

[1] Surrey: contea della Gran Bretagna, nell'Inghilterra meridionale.

Una notte, mio cognato andò tranquillamente a letto. Non c'era niente di strano in ciò, lo ammetto. Gli capitava spesso di andare a dormire la notte. Degno di nota fu invece che, quando l'orologio del campanile del villaggio batté l'ultimo colpo della mezzanotte, mio cognato si destò improvvisamente e non riuscì più a riaddormentarsi.

Joe (questo era il suo nome di battesimo) si mise a sedere sul letto e si guardò in giro.

Ai piedi del letto vide una figura immobile, nascosta nella penombra. La sagoma fece un passo alla luce della luna e mio cognato si ritrovò di fronte la figura di un vecchietto rugoso, con i calzoni fino al ginocchio e il codino.

Subito gli tornò alla mente la storia del tesoro nascosto e del vecchio avaro.

«È venuto per mostrarmi dov'è nascosto», pensò. E decise che se avesse trovato il tesoro non avrebbe speso tutti quei soldi per sé, ma ne avrebbe utilizzata una piccola parte per fare del bene al prossimo.

L'apparizione si diresse verso la porta: mio cognato si infilò i pantaloni e la seguì. Il fantasma si recò di sotto, in cucina; fluttuò dolcemente sul pavimento, si fermò davanti al focolare... e lì, dopo un gran sospiro, scomparve.

Il mattino seguente Joe chiamò un paio di operai, fece smantellare il forno e demolire il camino, rimanendo a guardare con in mano un grosso sacco in cui raccogliere l'oro che avrebbe trovato.

Tirarono giù mezza parete ma non trovarono neppure un centesimo. Mio cognato non sapeva cosa pensare.

La notte successiva il vecchio apparve di nuovo e di nuovo lo condusse in cucina. Ma questa volta, invece di dirigersi verso il focolare, si fermò in mezzo alla stanza, emise un sospiro e scomparve.

«Ah, ora capisco cosa intende – disse fra sé e sé mio cognato. – Il tesoro è sotto il pavimento. Perché allora il vecchio idiota si è appoggiato al focolare in modo da farmi credere che fosse nascosto su per il camino?».

Impiegarono tutta la giornata a spaccare il pavimento della cucina, ma l'unica cosa che trovarono fu una forchetta a tre punte con l'impugnatura rotta.

La terza notte lo spettro ricomparve e, senza scomporsi, si diresse ancora una volta in cucina. Una volta sceso, guardò il soffitto, emise il solito sospiro e svanì.

«Uffa! A quanto pare non ha le idee molto chiare – bofonchiò Joe mentre con passo spedito tornava a letto. – Avrei dovuto immaginare subito che sarebbe finita così».

Tuttavia, non sembrava esserci ombra di dubbio su dove si trovasse il tesoro e, dopo colazione, iniziarono subito ad abbattere il soffitto. Tirarono giù tutta l'intercapedine[2], poi sollevarono le assi della camera di sopra.

Non trovarono un bel niente.

La quarta notte, all'apparizione dello spettro, mio cognato era così furioso che gli lanciò gli stivali; ma questi passarono attraverso il suo corpo e andarono a rompere uno specchio.

La quinta notte, a mezzanotte, Joe si svegliò come ormai era solito fare. Il fantasma era lì, con aria infelice e abbattuta e uno sguardo implorante nei grandi occhi. Nonostante tutto, mio cognato si sentì profondamente toccato.

«Dopotutto – pensò, – può essere che il povero vecchio sciocco stia facendo del suo meglio. Forse ha scordato il vero nascondiglio e sta cercando di ricordarselo. Gli darò un'altra possibilità».

Lo spettro si mostrò contentissimo e riconoscente nel vedere che Joe si preparava a seguirlo, e lo condusse in soffitta. Lì, indicò il soffitto, sospirò e scomparve.

Ci vollero tre giorni per rimuovere completamente il tetto, ma tutto quello che vi trovarono fu un nido di rondini; dopodiché dovettero coprire la casa con teli impermeabili per tenerla all'asciutto.

---

[2] intercapedine: spazio tra due pareti, tra due spioventi di un tetto o, come in questo caso, tra il soffitto di una stanza e il pavimento di quella soprastante.

Forse avete pensato che il poveretto avrebbe desistito dall'intento di cercare il tesoro. Invece no. Riteneva che in tutto questo ci dovesse essere sotto qualcosa, altrimenti il fantasma non avrebbe perseverato in quel modo; mio cognato sarebbe andato fino in fondo per risolvere il mistero, costasse quel che costasse.

Notte dopo notte, continuò a seguire in giro per la casa quel fantasma impostore[3]. Ogni notte il vecchio gli indicava un luogo differente e, regolarmente, il giorno dopo, mio cognato procedeva a fare a pezzi il mulino in quel punto, alla ricerca del tesoro. Alla fine della terza settimana, non era rimasta in tutto il mulino una stanza abitabile. I muri erano stati abbattuti e i pavimenti rivoltati, mentre i soffitti avevano buchi da tutte le parti.

E così, senza preavviso come erano cominciate, le visite dello spirito cessarono e mio cognato fu lasciato tranquillo a ricostruirsi la casa.

Che cosa indusse il vecchio fantasma a giocare uno scherzo simile al povero Joe?

Non saprei proprio dirvelo.

Alcuni sostennero che lo spettro maligno del vecchio lo avesse fatto per punire mio cognato che inizialmente non aveva creduto alla sua esistenza; mentre altri attribuirono l'apparizione a qualche vetraio o idraulico del posto ormai deceduto, il quale avrebbe certamente apprezzato la vista di una casa abbattuta e in rovina. Ma nessuno riuscì mai a spiegarsi completamente l'accaduto.

---

[3] impostore: imbroglione.

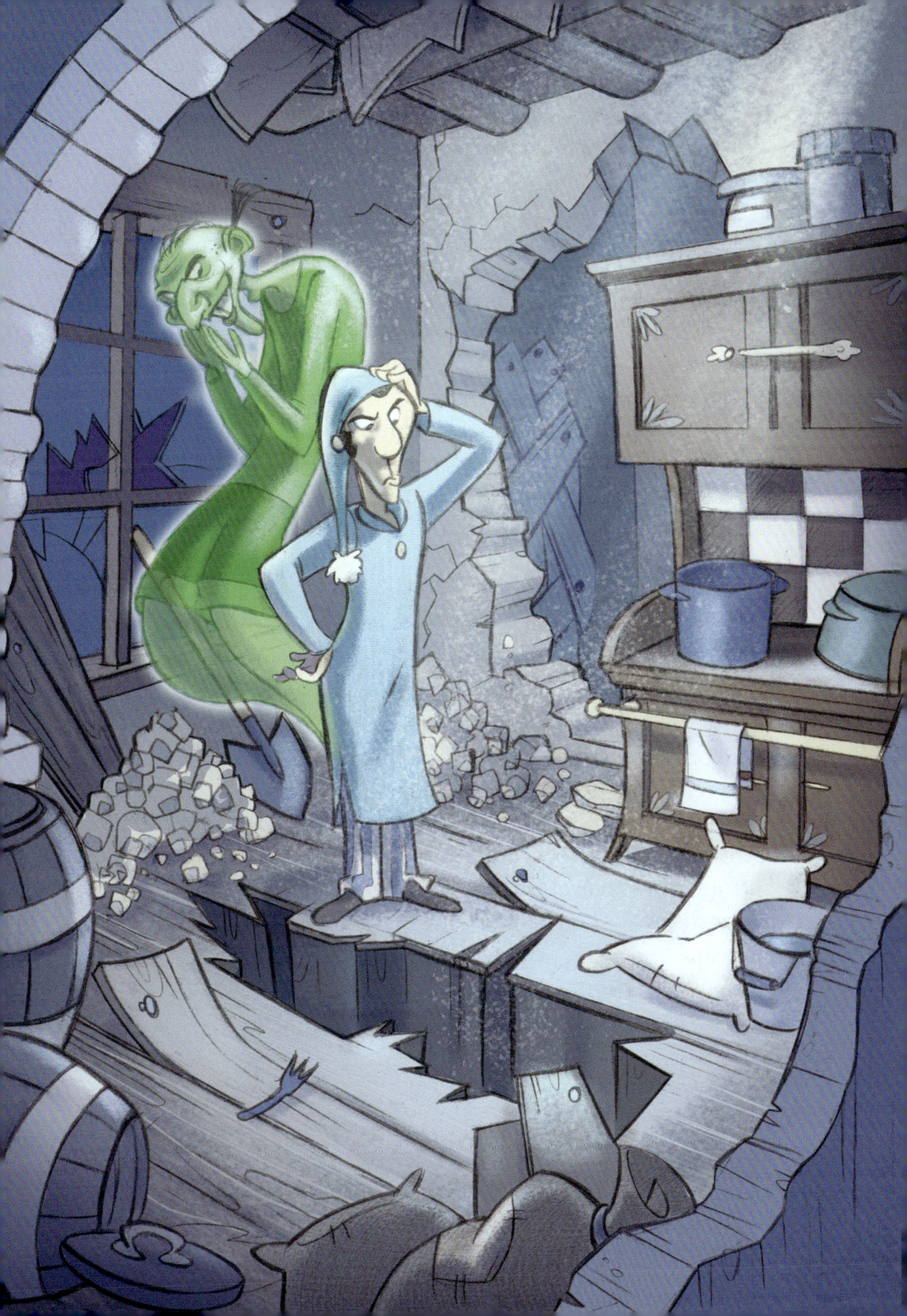

Intermezzo

Storia del Curato

Bevemmo dell'altro punch, poi giunse il momento della storia del curato. Una storia che non aveva né capo né coda, quindi mi è impossibile riferirvela. Nessuno di noi riuscì ad afferrare un minimo senso nelle sue parole. Il racconto era abbastanza piacevole, ma la trama era incredibilmente complicata, e le disgrazie raccontate sarebbero bastate a mettere insieme almeno una dozzina di novelle. Non avevo mai sentito prima d'allora una storia con tante disgrazie e personaggi. Erano stati ficcati nel racconto tutti gli esseri umani che il curato aveva conosciuto o incontrato, o dei quali avesse sentito parlare. Erano centinaia.

«Dunque, allora... mio zio si recò in giardino a recuperare il suo fucile... ma non era lì e Scroggins disse che non ci credeva».

«Non credeva cosa? Chi era Scroggins?».

«Scroggins! Oh... era l'altro uomo... per via di sua moglie».

«Chi era sua moglie... che cosa c'entra lei?».

«È quello che sto cercando di dirvi. Fu lei a trovare il cappello. Arrivò a Londra con sua cugina... sua cugina era mia cognata, mentre l'altro nipote si era sposato con un tale di nome Evans, ed Evans, alla fine, aveva portato la cassa dal signor Jacobs, perché il padre di Jacobs, da vivo, aveva visto l'uomo, e quando morì, Joseph...».

«Aspetti un momento... lasciamo stare per un attimo Evans e la cassa; cosa è successo a suo zio e al fucile?».

«Fucile? Quale fucile?».

«Ma come? Il fucile che suo zio teneva in giardino e che non c'era. Cosa ne aveva fatto? Aveva ucciso qualcuno... Jacobs o Evans o Scroggins o Joseph? Perché, in tal caso, il racconto diverrebbe interessante e sarebbe piacevole sentire come ha fatto».

«No, oh no... come avrebbe potuto? Era stato murato vivo, e quando Edoardo IV[1] lo riferì all'abate, mia sorella disse che nelle sue condizioni di salute non avrebbe potuto né voluto, perché avrebbe messo a repentaglio la salute del bambino. Così, al battesimo, decisero di chiamarlo Orazio, come l'altro suo figlio che era caduto a Waterloo[2] prima che egli nascesse, e lo stesso lord Napier[3] proclamò...».

«Abbiamo perso il filo. Ma lei sa di che cosa sta parlando?», domandammo tutti a questo punto.

«No», rispose il curato, aggiungendo che comunque erano tutte storie vere perché sua zia in persona le aveva vissute. E così lo avvolgemmo nella tovaglia e lo spedimmo a letto.

Poi lo zio raccontò la sua storia.

E disse che era una storia vera.

---

[1] Edoardo IV: fu proclamato re d'Inghilterra nel 1461.
[2] caduto a Waterloo: morto nella battaglia di Waterloo. Si tratta della famosissima battaglia dove i prussiani e gli inglesi sconfissero, il 18 giugno del 1815, le truppe di Napoleone, segnandone la caduta definitiva.
[3] Lord Napier: ammiraglio inglese della prima metà del XIX secolo.

Il Fantasma della camera azzurra

Storia di mio zio

«Non voglio innervosirvi – attaccò mio zio con un tono di voce particolarmente impressionante, per non dire agghiacciante – e, se preferite che non ne parli, non lo farò; ma in realtà, questa stessa casa in cui ora ci troviamo è infestata».

«Cosa? Non me lo dica!», esclamò il signor Coombes.

«Perché mi dice di non dirlo quando l'ho appena detto? – replicò mio zio, non nascondendo una certa irritazione. – Parla sempre a vanvera. Le dico che la casa è infestata. Puntualmente, alla Vigilia di Natale, la "camera azzurra" (dallo zio chiamavano "camera azzurra" la stanza accanto alla camera dei bambini, perché gran parte del servizio da toletta è di questa tinta) è infestata dal fantasma di un criminale, un uomo che una volta uccise un cantore natalizio tirandogli un pezzo di carbone».

«E come ha fatto? – chiese il signor Coombes, con una certa curiosità. – Non dev'essere stato facile».

«Non so come abbia fatto – replicò mio zio – nessuno spiegò mai l'accaduto, ma si pensa che il cantore sia entrato dal cancello principale per cantare una ballata e che, quando aprì la bocca e steccò[1] su un si bemolle, quell'uomo ignobile gli abbia lanciato un pezzo di carbone che gli si infilò dritto in gola e lo soffocò».

«Doveva essere un ottimo tiratore», mormorò pensosamente il signor Coombes.

«Ma questo, ahimè, non fu il suo solo crimine! – soggiunse mio zio. – Prima, aveva ucciso un trombettista».

«Cosa? Veramente?», esclamò il signor Coombes.

---

[1] steccare: stonare mentre si canta.

«Certo che è successo veramente – sbottò mio zio infastidito. – Le prove furono schiaccianti. Il poveretto, il trombettista, si trovava nei paraggi da un solo mese. Il vecchio signor Bishop, che allora teneva il "Jolly Sand Boys"[2] e che mi riferì la storia, disse di non avere mai conosciuto un trombettista tanto energico e di buona volontà. Conosceva solo due canzoni, ma il signor Bishop sosteneva che se ne avesse conosciute quaranta non avrebbe potuto suonarle con altrettanto vigore. Erano "Annie Laurie" e "Home, Sweet Home". Questo povero musicista era solito suonare un paio d'ore in questa strada tutte le sere, proprio qui di fronte. Una sera fu visto entrare in questa casa, ma nessuno lo vide mai uscire!».

«E i cittadini offrirono una ricompensa a chi l'avesse ritrovato?», domandò il signor Coombes.

«Neppure mezzo penny – rispose seccamente mio zio. – Un'estate – proseguì – giunse in visita una banda dalla Germania, con l'intenzione (secondo quanto dichiararono al loro arrivo) di rimanere qui fino all'autunno. Il secondo giorno di permanenza l'intera compagnia, composta da uomini sani e pieni di forze, fu invitata a cena da quell'uomo malvagio e, dopo avere trascorso le successive ventiquattro ore a letto, lasciarono la città a pezzi e con problemi di stomaco; il dottore che li aveva curati affermò che difficilmente qualcuno di loro sarebbe stato in grado di suonare ancora».

«Lei... lei non conosce la ricetta, vero?», fece il signor Coombes.

«Purtroppo no – ribatté mio zio, – ma l'ingrediente principale pare fosse un pasticcio di maiale del buffet della stazione».

«Non ricordo gli altri crimini di quest'uomo – proseguì lo zio. – Un tempo li conoscevo tutti, ma la mia memoria non è più quella di una volta. Tuttavia non credo di fargli torto mettendolo in relazione con la morte, e la successiva sepoltura, di un gentiluomo che suonava l'arpa con le dita dei piedi; presumo sia stato anche l'unico responsabile del solitario decesso di un forestiero

---

[2] Jolly Sand Boys: è il nome di un locale.

che una volta visitò il circondario, un giovane contadino italiano che suonava l'organetto».

«A ogni Vigilia di Natale – continuò mio zio con voce bassa e inquietante, che risuonava cupa nello strano silenzio pieno di rispetto calato come un'ombra nera nella stanza – il fantasma di questo perfido individuo infesta la camera azzurra, proprio in questa casa. Lì, dalla mezzanotte al canto del gallo, fra gemiti soffocati, urla, risate di scherno e il cupo rimbombo di orridi colpi, si scatena una lotta feroce tra lo spirito del trombettista e quello del cantore assassinato, assistiti nelle pause dalle ombre della banda tedesca; mentre lo spettro dell'arpista strangolato suona folli melodie con le sue dita-fantasma su un'arpa-fantasma rotta».

Lo zio affermò che, alla Vigilia di Natale, era praticamente impossibile dormire nella camera azzurra.

«Ascoltate! – esclamò levando una mano verso il soffitto, mentre noi trattenemmo il respiro e rimanemmo in ascolto. – Ascoltate! Credo che in questo preciso istante... siano nella camera azzurra!».

Mi alzai e annunciai che avrei dormito nella camera azzurra.

Tuttavia, prima di narrarvi la mia storia e quello che accadde nella camera azzurra, vorrei darvi una spiegazione personale.

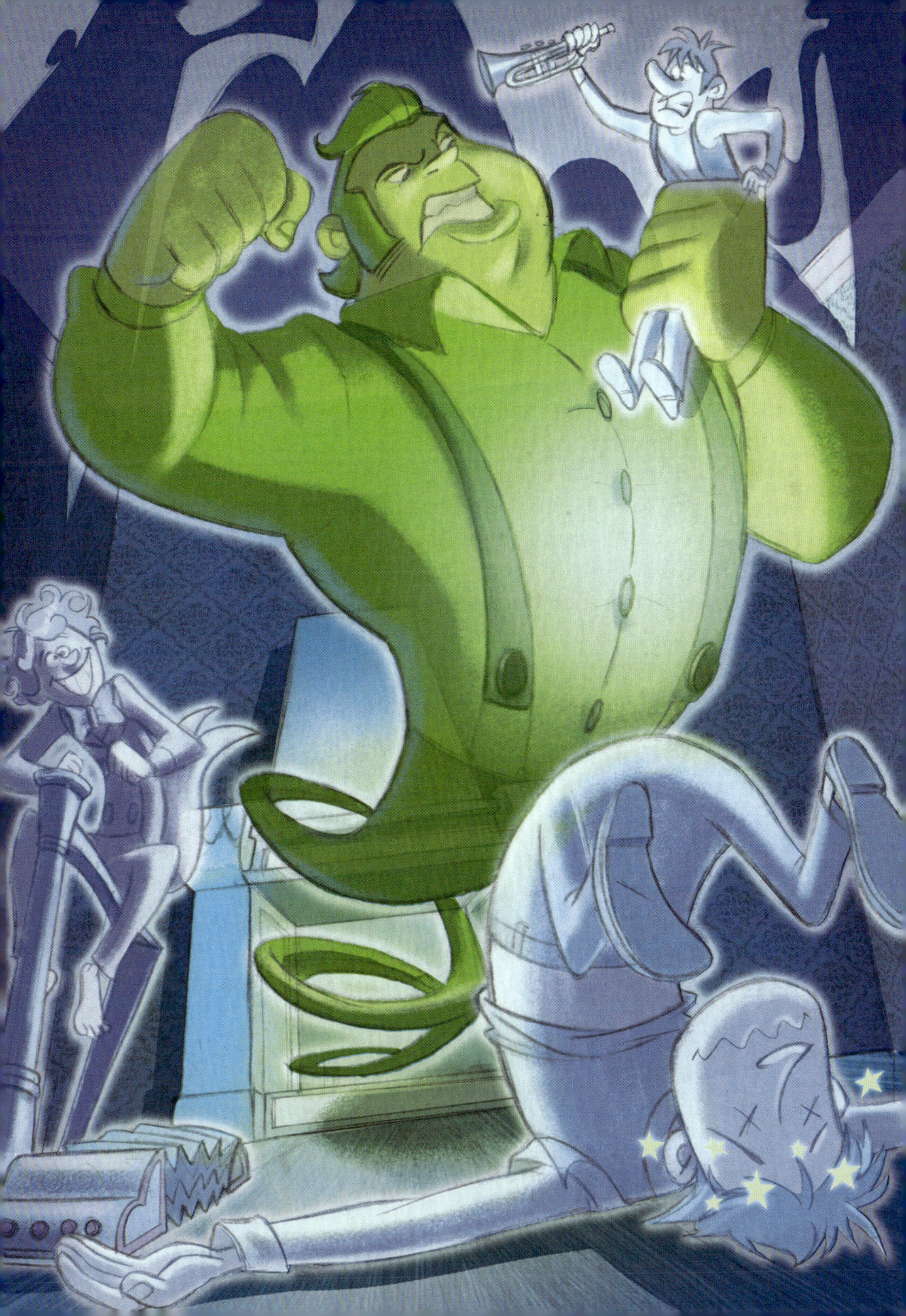

Una spiegazione personale

Sono esitante all'idea di raccontarvi questa storia. Perché, dovete sapere, non si tratta di una storia come quelle che Teddy Biffles, o il signor Coombes o mio zio vi hanno già narrato: questa è una storia vera. Non è una storia inventata da qualcuno seduto davanti al caminetto alla Vigilia di Natale, mentre beve il suo punch al whisky, bensì il resoconto di avvenimenti realmente accaduti.

In effetti, non si tratta nel modo più assoluto di una "storia", nel senso che comunemente si attribuisce alla parola: è una cronaca. È quasi fuori posto in un libro di questo genere. Sarebbe più indicata per una biografia, o per un testo di storia inglese.

C'è un'altra cosa che rende difficile l'esposizione: il fatto che la storia mi riguarda personalmente. Per narrarvela, quindi, dovrò parlarvi di me, ma noi autori contemporanei siamo fermamente contrari a parlare di noi stessi nei nostri libri[1], ci siamo posti il lodevole intento di non fare alcunché per apparire egocentrici. Io stesso provo questa timidezza, questa grande reticenza[2] verso qualsiasi cosa esponga agli occhi altrui la mia personalità. Ma la gente se ne lamenta. Le persone vengono da me e mi dicono:

«Bene, e adesso perché non ci parli un po' di te? Ecco quello che vogliamo sentire. Dicci qualcosa di te».

Ma io mi sono sempre rifiutato. Non perché creda che il soggetto non sia interessante: non concepisco nulla che possa risultare più piacevole al mondo intero che sentir parlare di me. Ma non lo farò, per principio. È antiartistico, e di cattivo esempio per i più

---

[1] noi autori... nostri libri: Jerome, con queste parole, si riferisce al "naturalismo" (in Italia prese il nome di "verismo"), la corrente letteraria più importante dell'epoca. Secondo il "naturalismo", gli artisti dovevano spogliare le proprie opere da qualsiasi accenno alla soggettività e trattare gli argomenti con distacco e obiettività.

[2] reticenza: volontà di tacere, di non dire.

giovani. Altri scrittori (pochi) lo fanno, lo so; ma io no, almeno non di solito.

In circostanze normali, quindi, non vi racconterei affatto questa storia.

Direi a me stesso: «No! È una bella storia, strana, insolita, accattivante. E al pubblico piacerebbe ascoltarla, come a me dovrebbe far piacere raccontarla. Ma coinvolge interamente la mia persona, quello che ho visto, detto e fatto: quindi non posso. La mia natura riservata e non egocentrica non mi permette di attingere alla mia vita per scrivere».

Tuttavia, dal momento che le circostanze di questo racconto non sono comuni, a dispetto della mia modestia, non posso negare che vi siano molte buone ragioni che mi spingono a cogliere l'occasione di renderle note.

Nel corso di questa festa vi fu qualche tensione familiare e nei miei confronti venne perpetrata[3] una grave ingiustizia: fu detto che avevo bevuto un po' troppo!

Al fine di rimettere la mia reputazione nella giusta luce e di dissipare le nubi calunniose e fuorvianti da cui è stata oscurata, sento che la cosa migliore è riportare una semplice e dignitosa narrazione dei fatti e permettervi di giudicare da soli. Confesso onestamente che il mio obiettivo primario è riscattarmi da ingiuste calunnie. Spinto da questa motivazione, e ritengo si tratti di un fine più che degno, mi sento di vincere la mia consueta riluttanza[4] a parlare di me, e mi accingo a cominciare...

---

[3] venne perpetrata: venne commessa.
[4] riluttanza: resistenza, ritrosia.

La mia storia

Non appena mio zio ebbe concluso il suo racconto mi alzai ed espressi il desiderio di dormire nella camera azzurra quella stessa notte.

«Giammai! – strillò mio zio balzando in piedi. – Non ti permetterò di esporti a un pericolo mortale. Inoltre, il letto non è fatto».

«Il letto non ha alcuna importanza – replicai. – Ho vissuto in appartamenti arredati per scapoli incalliti e mi sono abituato a dormire in letti che non sono stati rifatti per un anno intero. Non dirmi di no. Sono giovane e ho la coscienza pulita. Gli spiriti non possono farmi alcun male. Piuttosto, io posso fare qualcosa di buono per loro e convincerli a tranquillizzarsi e ad andarsene. E inoltre, vorrei proprio godermi lo spettacolo».

Detto ciò, mi rimisi a sedere. (Come mai il signor Coombes fosse seduto sulla mia poltrona, invece che dalla parte opposta della stanza, dove era stato per tutta la serata e perché non si sognò di scusarsi quando mi sedetti proprio sulle sue ginocchia, e perché il giovane Biffles abbia cercato di spacciarsi per mio zio John, e mi abbia spinto a stringergli la mano per quasi tre minuti e a dirgli che l'avevo sempre considerato come un padre, oggi non sono ancora riuscito a spiegarmelo).

Cercarono di dissuadermi da quella che consideravano un'imprudenza, ma io tenni duro e reclamai i miei privilegi. Ero "l'ospite". "L'ospite" dorme sempre in una camera infestata alla Vigilia di Natale: è un suo diritto sacrosanto. Dissero che se la mettevo in questi termini certo non potevano più contrapporre alcun argomento. Così mi passarono una candela accesa e mi accompagnarono tutti quanti al piano di sopra.

Non sta a me giudicare se mi sentissi un eletto perché stavo per compiere una nobile azione, o se piuttosto fossi animato da una generica consapevolezza di giustizia, ma quella notte andai di sopra di ottimo umore. Augurai a tutti la buonanotte, entrai e chiusi la porta.

Le cose iniziarono ad andar male fin dall'inizio. La candela cadde dal candeliere prima ancora che togliessi la mano dalla serratura. E ogni volta che la rimettevo al suo posto ruzzolava nuovamente a terra. Non ho mai visto una candela così instabile. Alla fine, rinunciai al candeliere e tenni la candela in mano. Ma, anche in questo modo, non stava dritta. Così mi infuriai e la gettai dalla finestra e, al buio, mi svestii e mi infilai nel letto.

Non mi addormentai. Non avevo per niente sonno: rimasi sdraiato a guardare il soffitto e a riflettere. Mi piacerebbe ricordarmi alcuni di quei pensieri, perché erano davvero divertenti. Risi da solo fino a far tremare il letto.

Rimasi in quella posizione per una mezz'ora, e stavo già dimenticando la faccenda degli spiriti quando, dando casualmente un'occhiata nella stanza, notai un fantasma dall'aria particolarmente compiaciuta che fumava una lunga pipa-fantasma di terracotta, seduto sulla poltrona vicino al camino.

Per un istante credetti di sognare. Mi misi a sedere e mi strofinai gli occhi.

Sì, era senz'ombra di dubbio un fantasma, infatti attraverso il suo corpo potevo vedere lo schienale della poltrona. Guardò verso di me, si tolse la pipa incorporea[1] dalle labbra e mi salutò con un cenno del capo.

La parte più sorprendente dell'intera faccenda sta nel fatto che non ero per nulla spaventato. Piuttosto, ero contento di vederlo. Mi teneva compagnia.

«Buonasera. Ha fatto freddo oggi!», esordii[2].

Rispose che non ci aveva fatto caso ma che riteneva dicessi il vero.

---

[1] incorporea: senza corpo. Anche la pipa è un'ombra, uno spirito!
[2] esordii: iniziai.

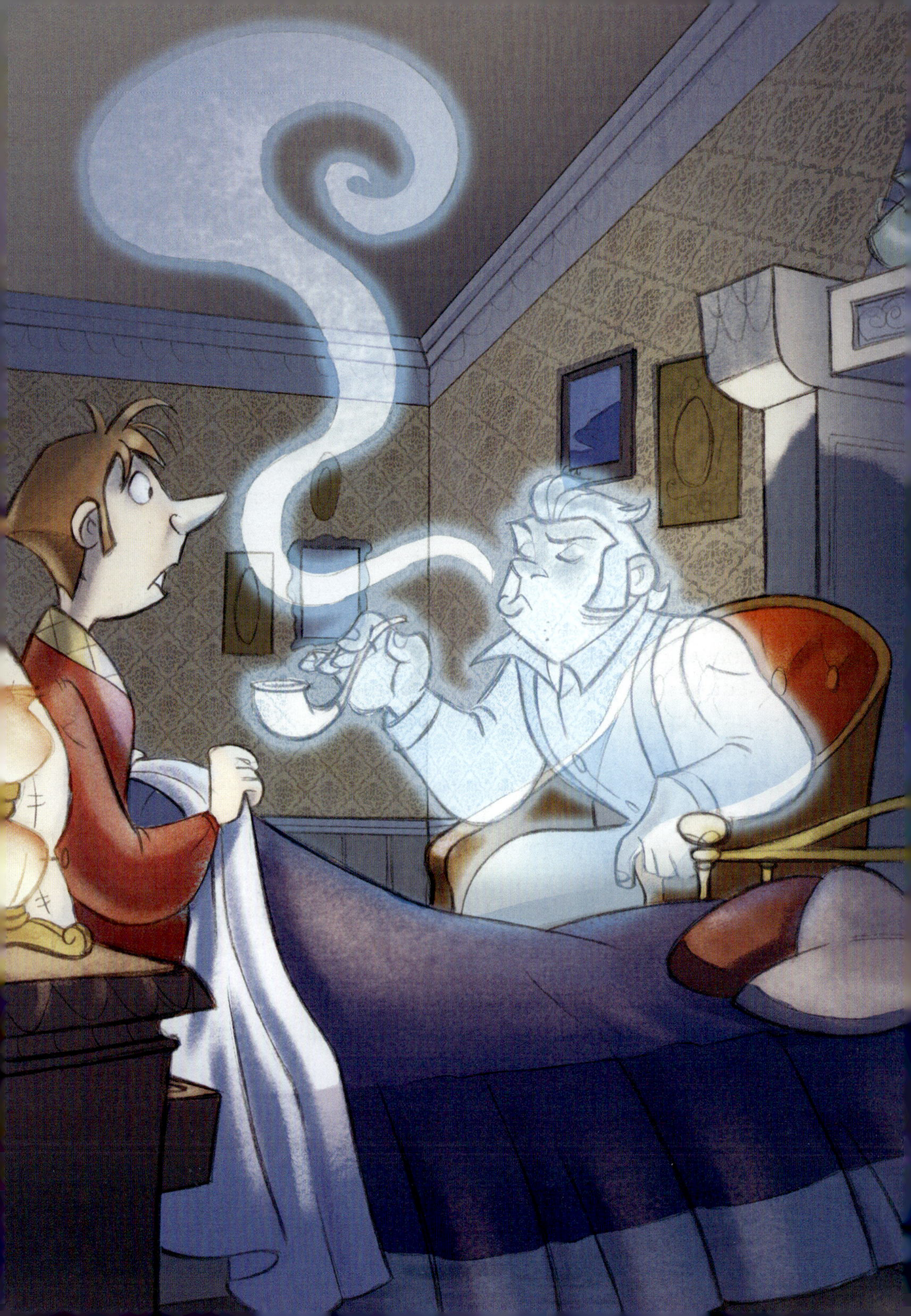

Rimanemmo in silenzio per alcuni secondi e poi, cercando di trovare la forma più garbata, dissi:

«Immagino di avere l'onore di parlare con il fantasma del gentiluomo che ebbe un incidente con un certo cantore...».

Sorrise e dichiarò che era molto gentile da parte mia ricordarmene. Rimasi sbalordito dalla sua risposta. Mi sarei aspettato lacrime pregne di rimorso. Invece, al contrario, il fantasma pareva quasi vantarsi della faccenda. Pensai che, visto che aveva accolto tanto tranquillamente la mia allusione al cantore, forse non si sarebbe offeso se gli avessi chiesto del suonatore d'organetto. Ero incuriosito da quel povero ragazzo.

«È vero – domandai – che ha contribuito alla morte di un giovane contadino italiano che una volta giunse in città con un organetto? Sa, quello che non suonava altro che melodie scozzesi...».

Si infiammò parecchio: «Contribuito? – sbottò indignato. – Chi ha osato dire di avermi aiutato? Ho ucciso il giovane da solo. Non mi ha aiutato nessuno. Chi sostiene il contrario!?».

Lo tranquillizzai. Gli assicurai che mai avevo dubitato che egli fosse il solo e reale assassino e proseguii chiedendogli cosa avesse fatto del corpo del trombettista che aveva ammazzato.

«A quale trombettista si riferisce?», domandò.

«Oh, allora ce n'è più di uno...», azzardai.

Sorrise e si schiarì la voce. Non gli piaceva sembrare uno sbruffone ma, contando i tromboni, ne aveva uccisi sette.

«Mio Dio! – esclamai. – In un modo o nell'altro deve aver avuto un bel da fare».

Disse che forse non stava a lui dire certe cose ma che riteneva di essere uno dei pochi fantasmi che possono guardare alla loro vita passata e vedervi un'attività proficua[3] e costante.

Fumò in silenzio per alcuni secondi mentre io rimasi a guardarlo. Non avevo mai visto prima d'allora un fantasma fumare la pipa e lo trovavo interessante.

---

[3] proficua: vantaggiosa, che ha dato buoni profitti.

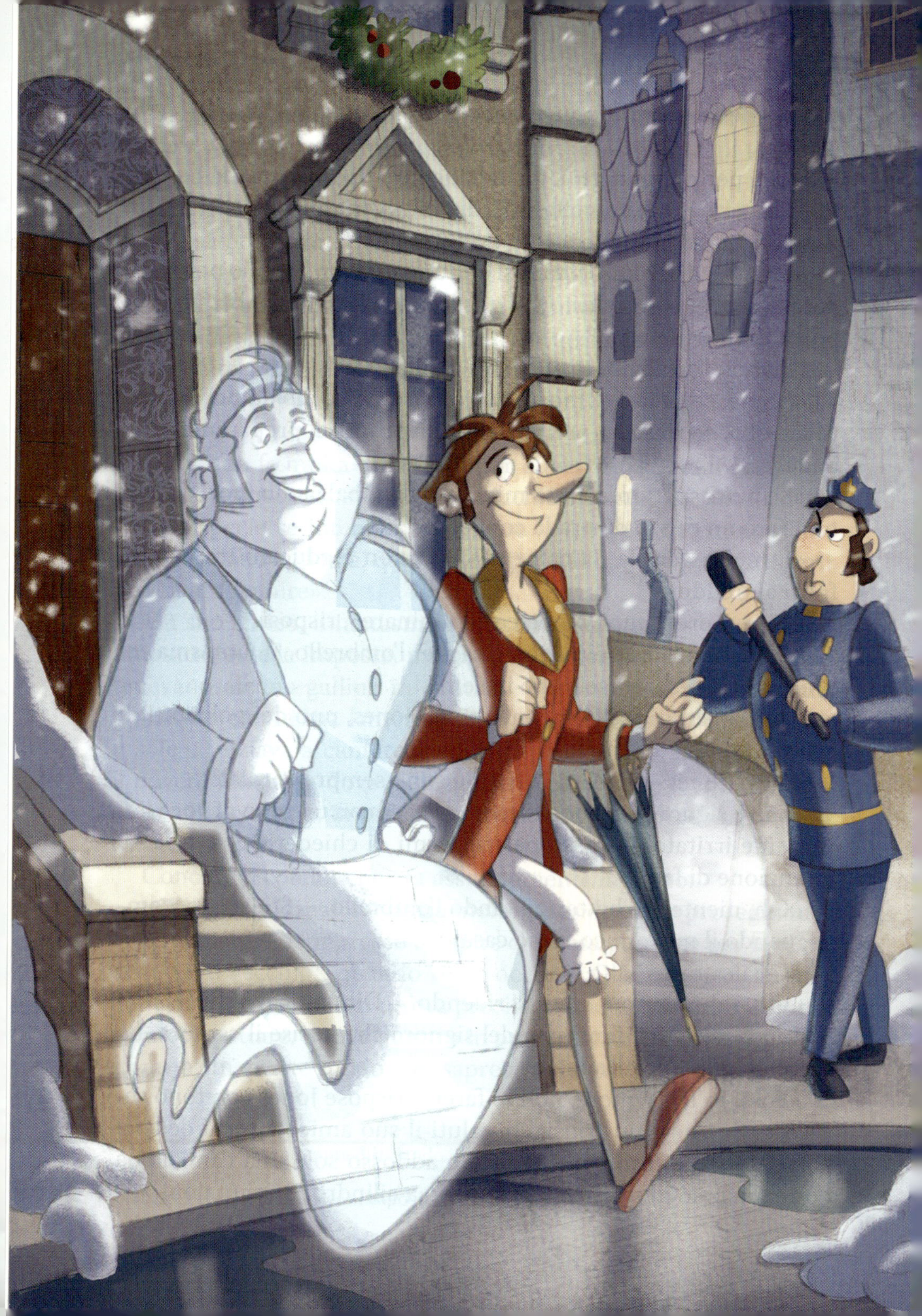

Il suo modo di parlare non mi piacque neanche un po': «Jones! Non voglio farle rapporto, ma a quanto pare lei ha bevuto. I miei pantaloni sono al loro posto, sulle mie gambe. Ricordo benissimo di averli messi».

«Sarà, ma ora non li indossa».

«Mi dispiace, le dico che li ho addosso, lo saprò bene!».

«Immagino di sì, ma a quanto pare non è così. Ora finiamola e venga dentro con me».

A questo punto venne alla porta zio John, che era stato svegliato, suppongo, dalla discussione; contemporaneamente, zia Mary si affacciò alla finestra in camicia da notte.

Spiegai loro la svista dell'agente, cercando di essere il più delicato possibile per non metterlo nei guai. Poi mi volsi verso il fantasma per avere conferma.

Se n'era andato! Era sparito senza dire una parola... neanche un arrivederci!

Mi sembrò così scortese che se ne fosse andato in quel modo, che scoppiai in lacrime. Zio John uscì e mi portò in casa.

Una volta in camera, realizzai che Jones aveva ragione: i pantaloni non li avevo indossati. Erano ancora appesi alla testata del letto. Li avevo dimenticati nella fretta, per non far aspettare il fantasma.

I fatti sono così semplici che, senza dubbio, nessuno potrà metterli in dubbio.

Invece no.

Alcune persone (dico "persone") hanno affermato di non riuscire a comprendere i semplici eventi qui narrati, se non alla luce di spiegazioni ingannevoli e offensive. Sono stato insultato e denigrato dai miei stessi familiari.

Ma non serbo alcun rancore. Solo, come ho già detto, rendo nota la mia versione con l'intento di liberare la mia persona da un ignobile sospetto.

DOSSIER

Incontro (immaginario) con l'autore

Jerome Klapka Jerome
(1859-1927)

■ **Anche i grandi scrittori sono stati bambini. Ci racconti qualcosa della tua infanzia?**
Sono nato il 2 maggio del 1859 a Walsall, in Inghilterra. Sono il più piccolo di 4 figli: due sorelle e un fratello, purtroppo mancato prematuramente. Quando ancora ero piccolo la mia famiglia ebbe un tracollo finanziario, a causa di cattivi investimenti nell'industria estrattiva locale. Iniziò un periodo di povertà e fummo costretti a trasferirci a Londra, dove frequentai le scuole.

■ **E poi?**
Le disgrazie non finirono lì. Quando avevo 14 anni mancarono tutti e due i miei genitori, cominciai quindi a lavorare: impiegato nelle ferrovie, segretario di un imprenditore edile, poi di un avvocato. Per un certo periodo feci anche l'insegnante, quindi l'attore e il giornalista.

■ **Come mai sei diventato scrittore? È accaduto quindi per caso?**
No, non per caso. Ho avuto quattro ambizioni nella vita: diventare un famoso giornalista, scrivere una commedia di successo, scrivere un buon libro, diventare Membro del Parlamento.

■ **E come è andata?**
I primi 3 obiettivi li ho raggiunti, un buon bilancio tutto sommato. Peccato per la politica...

■ **Complimenti! Non sarà stato facile...**
Anche a me, come a molte altre persone della mia generazione, la vita ha posto sin da piccolo parecchie difficoltà, ma ho saputo anche cogliere le opportunità che mi sono state offerte. Io sono un tipo curioso, mi piace esplorare nuove idee, vivere diverse esperienze. Ho viaggiato parecchio per l'Europa, più di una volta sono andato anche in Russia e in America, e sono stato un pioniere dello sci sulle Alpi!

■ **Parliamo ora della tua carriera di scrittore...**
La mia prima opera di successo è stata "Idle Thoughts of an Idle Fellow", cioè "Pensieri oziosi di un ozioso". L'ho pubblicata quando avevo 27 anni. È una raccolta di bozzetti umoristici, che fu tradotta in parecchie lingue. Ma l'opera per la quale sono diventato veramente famoso è "Three Men in a Boat. To say Nothing of the Dog" (Tre uomini in barca. Per tacer del cane), pubblicato nel 1889.

■ Anche questo è un racconto umoristico, humor britannico.

Beh, sì, ho fatto dell'umorismo il mio punto di forza, quasi tutti i miei romanzi sono di genere comico. Anche i successivi, come "Three Men on the Bummel" (Tre uomini a zonzo) e "They and I" (Loro e io).

Casa di Jerome a Londra.

■ Come nacque l'idea di "Tre uomini in barca"?

Dovevo preparare una serie di notizie storiche e topografiche sul Tamigi, da pubblicare a puntate sulla rivista "Home Chimes", ma il direttore del periodico trovò molto più interessanti le divagazioni umoristiche che avevo inframmezzato qua e là. Eliminai quindi le parti storiche e mi concentrai sul racconto: un'escursione fluviale lungo il Tamigi costruita con ironia intorno a piccole avventure e disavventure. C'è anche un riferimento autobiografico: in luna di miele costeggiai il Tamigi su una barchetta e questa piacevole esperienza mi suggerì qualche idea per il romanzo.

■ Non si può dire che questo romanzo non abbia lasciato il segno...

Fu un successo immediato, fu poi tradotto in molte lingue ed è stato anche adattato per il teatro, la radio, il cinema. La cosa buffa è che, in seguito all'uscita del mio romanzo, si moltiplicò il numero di barche registrate col nome Tamigi, e mi è stato riferito che ho anche contribuito a fare crescere il turismo sul fiume. Certo non era nei miei intenti iniziali.

■ Dicevi prima che quasi tutti i tuoi romanzi sono di genere comico. A che cosa si riferisce quel "quasi"?

Durante la prima guerra mondiale ho fatto il volontario in Francia come autista di ambulanze della Croce Rossa. Un'esperienza che mi ha lasciato il segno: ho visto la paura, il dolore, la sofferenza, ma anche gli aspetti negativi insiti nella natura umana. Da qui è nato un romanzo diverso dai precedenti, "All Road Lead to Calvary" (Tutte le vie portano al Calvario), in cui mi sono dedicato all'analisi dei problemi che assillano l'animo umano, all'indagine psicologica.

■ Un'ultima curiosità, prima di concludere. Da dove deriva il tuo secondo nome "Klapka", un po' insolito per un inglese?

Un'idea di mio padre, un omaggio al generale György Klapka protagonista della rivoluzione ungherese del 1848-49. Pare mi abbia portato fortuna.

DOSSIER

Intervista alle illustratrici

■ *Com'è nata la passione per il disegno?*

Laura: Credo sia nato tutto sin da quando ero piccolissima, vedendo mia madre dipingere. Ho trovato nel disegno e nei colori degli ottimi amici e non li ho più abbandonati.

Annalisa: È nata appena ho potuto tenere in mano un colore. Disegnavo sempre e ovunque. Per la gioia di mia madre, da piccola avevo l'abitudine di tappezzare l'intera casa di disegni.

■ *Che cosa caratterizza il tuo stile?*

Laura: Mi piace realizzare disegni dalle linee morbide e sinuose e prediligo i personaggi ironici e buffi. Mi piace pensare che, nel guardare un'illustrazione, il lettore sorrida di qualcosa.

Annalisa: Credo sia il mio amore per la sperimentazione, sono sempre alla ricerca di nuovi modi in cui esprimermi.

■ *Qual è la regola per essere un buon illustratore?*

Laura: Quando inizio un'illustrazione penso a cosa mi piaceva all'età di 10-11 anni per catturare l'attenzione del pubblico più piccolo: cerco di trasportarlo, con immagini o segni accattivanti, nel mondo magico che viene raccontato.

Annalisa: Non c'è una regola precisa, l'illustrazione è una delle espressioni più pure della sensibilità dell'artista. Io cerco di ricordare con che occhi guardavo da bambina tutto ciò che mi circondava.

■ *Sei una buona lettrice?*

Laura: Sì, quando ho un po' di tempo a disposizione mi piace coccolarmi con un buon libro e una tisana.

Annalisa: Ho sempre amato leggere. Un libro è un compagno fedele che mi accompagna nei momenti in cui ho bisogno di evadere da ciò che mi circonda.

■ *Che autore o libro consiglieresti ai nostri ragazzi?*

Laura: Da piccola fui affascinata dal *Fantasma di Canterville* di Wilde e dal *Piccolo principe* di A. de Saint-Exupéry. Penso che sia il libro a sceglierci e non il contrario.

Annalisa: Un autore che consiglio è Stefano Benni che affronta temi importanti come l'amicizia, la vita e l'amore. È l'ideale per un ragazzo che si trova sul ponte dell'adolescenza, quando la fantasia è ancora quella di un bambino ma il pensiero si rivolge ad un mondo più adulto.

■ *Un messaggio importante:*

Laura: Da bambini si hanno tanti sogni e speranze per il futuro. A me piace pensare che, crescendo, queste cose non cambino ma assumano una forma o un significato diverso. Bisogna credere in quello che amiamo affinché, con impegno e lavoro, ne sia possibile la realizzazione. Buona fortuna!

Annalisa: Un libro è unico, ha la sua storia e le sue particolarità e conoscerlo nel profondo ci fa scoprire ciò che amiamo in quell'opera, arricchendoci e stimolando la nostra fantasia e la nostra curiosità. Beh... sostituite la parola "libro" con la parola "vita" e il gioco è fatto!

PERCORSI DI LETTURA

CAMMIN FACENDO

Preliminari (pp. 6-13)

1 È la Vigilia di Natale e i fantasmi sono pronti per la loro parata annuale. Che cosa succede nel Paese dei fantasmi?
....
....
....
....

2 Per quale motivo, secondo l'autore, i fantasmi non compaiono mai la Notte di Natale?
   A. A Natale hanno sempre mal di testa
   B. Sono stanchi per i bagordi della notte prima
   C. Sono tutti di cattivo umore
   D. Sono intenti a fare buoni propositi

3 Per quali motivi, invece, compaiono la Vigilia di Natale?
   1. ....
   2. ....

4 Nel testo, la Vigilia di Natale viene ricordata sia per la comparsa dei Fantasmi, sia per un altro motivo. Quale?
....
....

5 Secondo quanto affermato nel testo, come si diventa fantasmi?
   1. ....
   2. ....

6 In questo capitolo iniziale, l'autore, per indicare il fantasma, usa anche altri due termini. Quali?
   A. Licantropo
   B. Spettro
   C. Spirito
   D. Vampiro

51

PERCORSI DI LETTURA

7 Le storie di fantasmi, dice l'autore, seguono modalità abbastanza ricorrenti.
C'è la storia del giovanotto che trascorre la Vigilia di Natale ospite nella casa di campagna di amici e che durante la notte viene disturbato dallo spettro di una donna.
C'è la storia dell'ospite scettico che..
....
....
C'è la storia dell'ospite coraggioso che..
....
....
C'è la storia del giovane che incontra il fantasma dello zio ricco e......
....
....
C'è la storia del gentiluomo che..
....
....

Come ci ritrovammo a raccontare storie di fantasmi (pp. 14-18)

1 In questo capitolo l'autore introduce i 6 protagonisti, coloro che quella Vigilia di Natale si ritrovarono intorno al camino a raccontare storie di fantasmi. Chi sono?
1. .... 2. .... 3. ....
4. .... 5. .... 6. ....

2 Inizialmente la serata si presenta veramente "spettrale". Quali parole usa l'autore per descriverci quell'atmosfera? Cercale nel secondo capoverso di p. 14.
penombra, ...
....

PERCORSI DI LETTURA

3 I sei protagonisti passano insieme una simpatica serata. Che cosa fanno? Indica se le seguenti affermazioni sono vere (V) o false (F).

	V	F
a. Raccontano storie		
b. Ricordano i bei tempi andati		
c. Bevono alcolici		
d. Raccontano barzellette		
e. Giocano a dama		
f. Ascoltano musica		
g. Giocano con le carte		

4 Ad un certo punto della serata il curato mostra agli altri ospiti "il gioco delle tre carte". Perché?
   A. Vuole intrattenerli, farli divertire
   B. Vuole illustrare loro come si gioca
   C. Vuole metterli in guardia da eventuali imbrogli
   D. Vuole stupirli con i suoi trucchi

Johnson ed Emily (pp. 19-23)

1 Da chi è raccontata la storia di Johnson ed Emily?
   A. Dal narratore-protagonista
   B. Dallo zio
   C. Dal signor Coombes
   D. Da Teddy Biffles

2 Ricostruisci il senso del racconto rispondendo a tutti i seguenti "perché".
Perché all'inizio del racconto il narratore rimane scosso?
....
Perché, nonostante l'incontro inquietante, riesce comunque ad addormentarsi?
....

53

PERCORSI DI LETTURA

Perché Johnson parte per l'Australia?
....

Perché Johnson rimane in Australia vent'anni?
....

Perché al suo ritorno in Inghilterra Johnson impazzisce dal dolore?
....

Perché, dopo la morte di Johnson, il suo fantasma continua ad aggirarsi per la casa?
....

Perché, inizialmente, tutti in famiglia trattavano bene lo spirito di Johnson?
....

Perché man mano la presenza di Johnson diviene irritante?
....

Perché viene deciso di costruire una tomba dedicata ad Emily?
....

Perché nel finale Johnson sembra felice?
....

Il mulino infestato (pp. 25-29)

1 Da chi è infestato il vecchio mulino?
A. Dal fantasma del signor Parkins
B. Dallo spettro di Joe
C. Dal cognato di mister Coombes
D. Dal fantasma di un mugnaio

2 Numera le sequenze seguendo l'ordine con cui vengono presentate nel racconto. Avrai così la traccia del riassunto.

a. Il fantasma portò il signor Parkins in soffitta	
b. Una notte il signor Parkins vide il fantasma del mugnaio	
c. Il fantasma condusse il signor Parkins in cucina davanti al focolare	
d. Il fantasma del mugnaio sparì per sempre	

PERCORSI DI LETTURA

e. Il fantasma andò in cucina, si fermò in mezzo alla stanza e scomparve	
f. Gli operai spaccarono tutto il pavimento della cucina	
g. Il signor Parkins affittò un mulino	1
h. Il fantasma andò in cucina, guardò il soffitto e scomparve	
i. Gli operai rimossero il tetto	
j. Gli operai abbatterono il soffitto della cucina	
k. Giorno dopo giorno gli operai fecero a pezzi pavimenti, soffitti e pareti del mulino	
l. Il signor Parkins fece demolire il forno e il camino	

Il fantasma della camera azzurra (pp. 32-35)

1 Il fantasma della camera azzurra è un assassino particolare: uccide i musicisti. Nel racconto si citano:
1. .... 2. ....
3. .... 4. ....
5. ....

2 Nella parte iniziale e finale del racconto, che qui di seguito riportiamo, vengono utilizzati alcuni termini tipici dei racconti di paura. Li riconosci? Sottolineali.

«Non voglio innervosirvi – attaccò mio zio con un tono di voce particolarmente impressionante, per non dire agghiacciante – e, se preferite che non ne parli, non lo farò; ma in realtà, questa stessa casa in cui ora ci troviamo è infestata».

«Le dico che la casa è infestata. Puntualmente, alla Vigilia di Natale, la "camera azzurra" è infestata dal fantasma di un criminale, un uomo che una volta uccise un cantore natalizio tirandogli un pezzo di carbone».

PERCORSI DI LETTURA

«A ogni Vigilia di Natale – continuò mio zio con voce bassa e inquietante, che risuonava cupa nello strano silenzio pieno di rispetto calato come un'ombra nera nella stanza – il fantasma di questo perfido individuo infesta la camera azzurra, proprio in questa casa. Lì, dalla mezzanotte al canto del gallo, fra gemiti soffocati, urla, risate di scherno e il cupo rimbombo di orridi colpi, si scatena una lotta feroce tra lo spirito del trombettista e quello del cantore assassinato, assistiti nelle pause dalle ombre della banda tedesca; mentre lo spettro dell'arpista strangolato suona folli melodie con le sue dita-fantasma su un'arpa-fantasma rotta».

Una spiegazione personale (pp. 36-37)

1 Il capitolo "Una spiegazione personale" interrompe il susseguirsi delle storie per consentire al narratore di:
A. Inserire un elemento chiarificatore che spiega la concatenazione degli eventi
B. Presentarsi, raccontando episodi della sua vita passata
C. Inserire un commento sulle storie raccontate dagli altri
D. Spiegare i motivi per i quali intende raccontare la sua storia

2 Il narratore ritiene di essere stato vittima di una calunnia. Quale?
....

La mia storia (pp. 38-47)

1 Inizialmente lo zio non vuole che suo nipote dorma nella camera azzurra. Quale argomento lo convincerà?
A. La determinazione e il coraggio di suo nipote
B. Il fatto che sia diritto di un ospite dormire in una stanza infestata
C. Il fatto che suo nipote sia abituato a dormire in letti non rifatti
D. L'insistenza con cui suo nipote ribatte a tutte le sue obiezioni

PERCORSI DI LETTURA

2 A caccia di indizi! Forse il protagonista-narratore aveva effettivamente bevuto un po' troppo quella sera. Da che cosa lo capisci? Riporta brevemente la spiegazione dei seguenti indizi:

la poltrona..
....
la candela...
....
pensieri divertenti..
....
i pantaloni..
....

3 Il fantasma della camera azzurra è un po' uno sbruffone. Quali comportamenti gli puoi attribuire? Indicali con una crocetta.

	Sì	No
a. Si irrita quando si insinua che qualcuno l'ha aiutato ad uccidere il suonatore di organetto		
b. Si vanta di essere un gran fumatore		
c. È fiero di aver ucciso ben 7 trombettisti		
d. È orgoglioso di essere amico di un uomo che aveva ammazzato un esattore delle imposte		
e. Loda con insistenza il comportamento del narratore-protagonista		
f. Racconta con orgoglio i suoi diabolici e sanguinosi crimini		
g. Minaccia di uccidere il gallo che canta		

PERCORSI DI LETTURA

PAROLE SOTTO LA LENTE

Le parole che seguono, tutte tratte dal testo, appartengono a uno stesso campo associativo. Pur non appartenendo alla stessa classe morfologica (alcune sono nomi, altre aggettivi o avverbi), fanno parte infatti di una stessa area di significato: sono le "parole" dei fantasmi. Rifletti e rispondi alle domande.

1 Con quale aggettivo puoi sostituire "agghiaccianti" in "Settimane prima del Gran Galà vengono provate anche le urla più agghiaccianti" (p. 6)?
A. Raccapriccianti
B. Gelide
C. Incontrollate
D. Disumane

2 La Vigilia di Natale, si dice a p. 9, "È indubbiamente una delle notti più lugubri per uscire: fredda, umida e livida."
Che cosa significa "lugubre"?
A. Sfortunata
B. Tetra
C. Spaventosa
D. Pericolosa

3 Con quale termine potresti sostituire "livida"?
....

4 L'aggettivo "spettrale" (p. 9) è un:
A. alterato
B. falso alterato
C. derivato mediante prefisso
D. derivato mediante suffisso

PERCORSI DI LETTURA

5 L'avverbio "mortalmente" nella frase "il padrone di casa, divenuto mortalmente pallido, lo prega di non aggiungere altro sull'episodio" (p. 10) ha la funzione di accentuare, rinforzare il significato dell'aggettivo "pallido" che accompagna. Con quale altro avverbio potresti sostituirlo?
....

6 Nell'espressione "il vento, gemendo come un'anima in pena, soffiava nella piazza" (p. 14) l'autore utilizza:
  A. una metafora
  B. un ossimoro
  C. una similitudine
  D. una sinestesia

7 Quali parole derivano, per prefisso (s, im) o suffisso, dal termine "paura"?
impaurire, ...

8 Il verbo "infestare", così come utilizzato in "Un suo amico, il fantasma di un uomo che aveva ammazzato un esattore delle imposte, infestava una casa in Long Acre" (p. 44) significa:
  A. si era insediato, abitava
  B. rendeva pericoloso, inabitabile
  C. distruggeva, danneggiava
  D. contagiava, infettava

PERCORSI DI LETTURA

UNA VISIONE GLOBALE

1 Il testo si struttura a "cornice". Esiste infatti una situazione di partenza, una sorta di "cornice", appunto, nella quale vengono presentati il contesto e i vari personaggi, dopodiché ognuno di essi racconta a sua volta una storia. Completa lo schema, inserendo i titoli dei 2 capitoli iniziali e dei 6 racconti. Un capitolo rimarrà fuori. Quale?

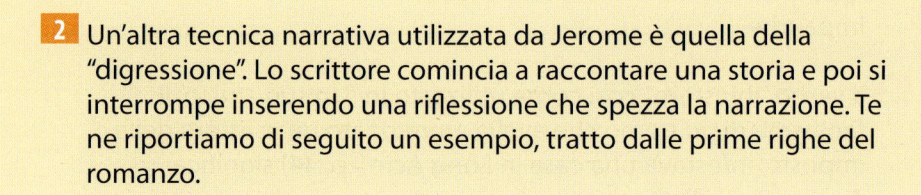

2 Un'altra tecnica narrativa utilizzata da Jerome è quella della "digressione". Lo scrittore comincia a raccontare una storia e poi si interrompe inserendo una riflessione che spezza la narrazione. Te ne riportiamo di seguito un esempio, tratto dalle prime righe del romanzo.

Era la Vigilia di Natale.
Inizio così perché questo è il modo più appropriato, ortodosso e rispettabile per iniziare, e io sono stato allevato nel modo più appropriato, ortodosso e rispettabile possibile: mi hanno insegnato a fare sempre la cosa più appropriata, ortodossa e rispettabile. E rimango fedele all'abitudine. (p. 6)

Rintraccia e sottolinea altri esempi di digressione. Per esempio puoi trovarli alle pagine:
p. 12 – Certe persone sono molto sensibili...
p. 14 – Ci sono troppe Vigilie di Natale...
p. 19 – All'epoca ero solo uno scolaretto...
p. 21 – Il papà può essere molto...

Ne trovi altri?

PERCORSI DI LETTURA

3 Nel racconto si trovano solo alcuni elementi tipici delle storie di fantasmi. Quali? Selezionali tra quelli elencati e confrontati poi con i tuoi compagni.
A. Luoghi inquietanti
B. Situazioni pericolose
C. Spettri di sanguinari assassini
D. Colpi di scena
E. Case infestate
F. Atmosfere angosciose

4 Nonostante il titolo, il racconto, più che nel filone delle "storie di paura", va inserito in quello comico.
Infatti la tensione del racconto viene spesso interrotta con considerazioni divertenti, che fanno sorridere.
Ti riportiamo qui di seguito alcuni brevi brani del racconto. Evidenzia le frasi che hanno un taglio ironico. Sai trovarne altre all'interno del romanzo?

Una notte, mio cognato andò tranquillamente a letto. Non c'era niente di strano in ciò, lo ammetto. Gli capitava spesso di andare a dormire la notte. Degno di nota fu invece che, quando l'orologio del campanile del villaggio batté l'ultimo colpo della mezzanotte, mio cognato si destò improvvisamente e non riuscì più a riaddormentarsi. (p. 26)

«Non ricordo gli altri crimini di quest'uomo – proseguì lo zio. – Un tempo li conoscevo tutti, ma la mia memoria non è più quella di una volta. Tuttavia non credo di fargli torto mettendolo in relazione con la morte, e la successiva sepoltura, di un gentiluomo che suonava l'arpa con le dita dei piedi». (p. 33)

Cercarono di dissuadermi da quella che consideravano un'imprudenza, ma io tenni duro e reclamai i miei privilegi. Ero "l'ospite". "L'ospite" dorme sempre in una camera infestata alla Vigilia di Natale: è un suo diritto sacrosanto. Dissero che se la mettevo in questi termini certo non potevano più contrapporre alcun argomento. (p. 38)

PERCORSI DI LETTURA

DIVENTA SCRITTORE

1 Ora tocca a te. Inventa e racconta sul tuo quaderno la tua "storia di fantasmi". Cerca di imitare lo stile dell'autore, sempre ironico e sdrammatizzante. Puoi raccontare del fantasma pasticcione, del fantasma goloso, del fantasma brontolone...

2 È la Vigilia di Natale e in casa tua succede qualcosa di insolito, divertente. Qualche piatto non riuscito, che nessuno ha il coraggio di rifiutare; un regalo inappropriato, che proprio detesti; un abbraccio troppo caloroso, da quella strega di zia Clotilde... Inventa e racconta sul tuo quaderno.

CAFFÈ LETTERARIO

1 Tu credi ai "fantasmi"? Rispondi al quiz e avvia quindi un confronto con i compagni. La pensate tutti allo stesso modo?

A. Sei in casa e all'improvviso un poster si stacca. A cosa pensi?
– L'avevo detto che il chiodo era piantato male!
– C'è uno spettro: impossibile che il chiodo sia caduto da solo

B. Tuoni, fulmini, vento forte. Come reagisci?
– Ho paura e cerco compagnia
– Chiudo le finestre e continuo a giocare

C. È notte e un rumorino fastidioso ti sveglia:
– È tuo fratello che russa, come al solito
– Qualcuno è entrato in camera, ma non lo vedi

D. L'avevi detto che sarebbe andata così:
– Un sogno premonitore ti aveva avvisato
– C'erano tutte le condizioni perché ciò accadesse

PERCORSI DI LETTURA

E. Hai una verifica importante:
- Studi sodo e ti siedi vicino a un compagno che ne sa più di te
- Metti in tasca il tua portafortuna del cuore e ti affidi alla sua protezione

2 Giuria letteraria: Che cosa pensi di questo libro?

Mi è piaciuto moltissimo	Una lettura insolita e piacevole	Mi ha un po' deluso	Non lo consiglierei al peggior nemico	Altro

Dopo che ognuno ha espresso il suo giudizio, avviate in classe un confronto motivando la vostra posizione anche con riferimento ai seguenti aspetti: il genere letterario, la struttura del testo, il contenuto, lo stile dell'autore.

63

LeggerMENTE

LeggerMENTE è la nuova collana di narrativa per la scuola secondaria. È articolata in 4 serie:

- ***I grandi classici***: capolavori della letteratura di tutti i tempi riproposti con adattamenti mirati e graduali.
- ***Racconti d'autore***: racconti brevi di autori classici per letture "agili", da portare sempre con sé.
- ***Ora e poi***: romanzi inediti incentrati su temi d'attualità e argomenti-chiave di Cittadinanza e Costituzione.
- ***Non solo Lettere***: romanzi inediti d'avventura a sfondo scientifico o storico.

Le **attività didattiche** a corredo del testo, in parte ispirate alla metodologia Invalsi, guidano a una lettura analitica del romanzo proponendo anche momenti di riflessione e produzione creativa. Mai vincolanti, possono essere proposte sia durante sia dopo la lettura.

Per ogni titolo della collana gli studenti troveranno sul sito i **file audio** corrispondenti in formato mp3.

Alcune **originali novità**, come l'incontro immaginario con l'autore e l'intervista all'illustratore, le rubriche speciali su argomenti di particolare interesse e le immagini create dai più noti illustratori per ragazzi, renderanno la lettura piacevole e appassionante.